LETTRE

D'UN ÉLECTEUR

DE PARIS

A UN ÉLECTEUR

DE BORDEAUX.

———————

PARIS.

LE NORMANT FILS, IMPRIMEUR DU ROI,

RUE DE SEINE, N° 8. F. S. G.

1827.

LETTRE

D'UN ÉLECTEUR DE PARIS

A UN ÉLECTEUR DE BORDEAUX.

————————

Ce 31 juillet 1827. [1]

Vous me demandez des nouvelles de Paris; vous voudriez savoir exactement ce que l'on pense, ce que l'on craint, ce que l'on prévoit; vous êtes effrayé des bruits qui vous arrivent à la faveur de la censure, et qui n'annoncent rien moins que le péril et la chute de nos institutions les plus chères, car la censure est le plus grand des *alarmistes*; tout ce qu'elle empêche d'écrire est dit avec plus de force; tout ce qu'elle supprime est exagéré; son apparition atteste quelque danger public. Le mystère dont elle enveloppe la politique excite toutes les défiances et toutes les craintes. Son existence est une calomnie permanente contre la couronne.

[1] Cette brochure est la seconde de celles qui paroîtront *gratis* chez M. Le Normant fils, imprimeur. La première, écrite par M. le vicomte de Chateaubriand, a pour titre : *Les Amis de la liberté de la presse.—Marché et effets de la Censure.* Nous invitons les lecteurs à se procurer les autres brochures dont nous donnons la liste à la fin de celle-ci. Les brochures de M. Salvandy, extrêmement curieuses et piquantes, contiennent les rognures de la censure et l'histoire des faits et gestes de cette déplorable et ignoble persécution. Tous les libraires de France ou autres citoyens sont autorisés à réimprimer et faire réimprimer les brochures publiées *gratis* par les Amis de la liberté de la presse, chez M. Le Normant fils, imprimeur, rue de Seine, n° 8.

On parle, dites-vous, de l'article 14 de la Charte et du camp de Saint-Omer; on annonce que la royauté, pour s'affermir, est invitée à détruire les bases de son nouveau pouvoir; on dit que des hommes élevés par hasard au ministère, et pour qui la chute seroit le néant, veulent à tout prix s'accrocher aux marches du trône, en l'isolant sur une montagne à pic. Vos imaginations du Midi commentent ces bruits sinistres; et sur tout cela vous ne trouvez aucune réponse, car vous croyez peu *le Moniteur,* dépositaire officiel de cette nouvelle liberté de la presse, fondée, selon lui, par la dernière ordonnance de censure.

Depuis cette hégire des ministres et des valets ministériels, on ne sait plus, dites-vous, quel droit est en sûreté. La Chambre des pairs sera-t-elle submergée et dissoute dans un flot de pairs de création nouvelle ? La loi des élections ne sera-t-elle pas changée, la censure établie à perpétuité ? Enfin le plus ferme appui des droits publics, l'inamovible indépendance des Cours judiciaires, ne sera-t-elle pas subjuguée par des adjonctions de membres dépendant du pouvoir ? Telle est en effet la destinée du ministère, qu'ayant soulevé partout de mortelles résistances, il semble que si l'on veut le conserver, il faut changer tout le reste.

Mais cela même est difficile; et quand on doit opter entre la mutation de quelques personnes et le bouleversement d'un ordre social, le résultat se devine sans peine.

Je ne puis vous envoyer à cet égard que des conjectures, mais chaque jour plus manifestes et mieux appuyées par les faits.

Ne croyez pas qu'en aucun pays on fasse de gaîté de cœur des révolutions. A Naples on déchire avec des baïonnettes autrichiennes une constitution écrite depuis trois mois; mais en France, la Charte promulguée, invoquée, pratiquée depuis quatorze ans, n'est plus une feuille de papier; elle est notre droit, notre vie politique.

Malgré les obstacles qu'elle rencontre, les empiétemens qu'elle souffre, malgré les traditions d'un double passé nuisible au présent, malgré l'administration impériale et les jésuites, la Charte s'est fortifiée parmi nous. La royauté ne peut s'y tromper; elle ne peut la regarder comme un asile de passage, comme une tente déployée pour une nuit et qu'on enlève le lendemain; il faut rester sous cet abri.

Dans la génération qui fait aujourd'hui la force de la France, la Charte ne compte que des partisans, et trouveroit, au besoin, une foule de martyrs.

L'Angleterre eut un Hampden. On les verroit aujourd'hui se multiplier par centaines en France, si un ministère vouloit jamais se passer de Chambres pour voter l'impôt. Mais restent toutes les entreprises de corruption, de violence pour asservir ces Chambres mêmes, et en faire des instrumens de despotisme.

Voyons à cet égard, si le ministère est en progrès, et, pour parler sa langue, s'il est en hausse ou en baisse.

Il en est du pouvoir absolu comme de la pierre philosophale; les alchimistes, quand ils promettoient de faire de l'or, prenoient toujours de l'or pour premier ingrédient; de même il faut de la force pour promettre des coups d'État.

Le ministère même, étayé de la faction bigote, est-il maintenant plus fort qu'à l'issue de la guerre d'Espagne, à cette époque où l'enthousiasme des uns, l'indifférence des autres, lui livroient les élections? Non. Maintenant les esprits sont attentifs et animés. La fraude est devenue plus difficile, et l'autorité morale est détruite. Les hommes honorables de toute opinion se réunissent. Les libéraux, pour porter avec ardeur un royaliste, ne lui demandent que de l'indépendance et du talent.

Parmi les partisans même du ministère, la défection et le découragement ont commencé. La dernière session a vu dans la Chambre des députés l'Opposition grossie en nombre, et doublée presque en talent.

Votre honorable compatriote, M. Gautier, a pris une première place dans l'estime publique. On a voté encore pour le ministère; mais on ne l'a plus défendu. Quels noms s'engagent pour lui? Quels orateurs lui prêtent leurs voix, ou le soutiennent de leurs actes? Les fonctionnaires intimidés, menacés, semblent lui appartenir; mais ils sont au Roi, et à toute administration choisie par le Roi. Le ministère n'a bien à lui que ses censeurs.

Mais ici peut-on ne pas s'indigner de la profanation qu'il fait subir à des caractères jusque-là respectés? Eh quoi! le ministère n'a que M. le vicomte de Bonald pour insulter à M. le duc de Choiseul! C'est un pair de France qui biffe les lettres d'un autre pair de France, et qui lui signifie, en style d'huissier, la sentence non motivée du bureau de police!

M. de Bonald, lorsqu'il fut élevé à la pairie, écrivit dans un journal non censuré une ingénieuse dissertation, pour expliquer comment il devoit avoir une des pensions de l'ancien sénat, *attendu que la pairie héréditaire étant une espèce de petite royauté,* il étoit juste et nécessaire qu'elle eût aussi *sa liste civile*. En vérité M. de Bonald traite maintenant d'une étrange manière cette royauté de la pairie qu'il appréciait tant. Préfère-t-il donc, à ces priviléges dont il étoit alors si avide, les priviléges ou peut-être encore la liste civile de la censure ?

M. de Villèle feroit demain soixante pairs, qu'à la prochaine session le scandale de la pairie, censurant et censurée, n'en seroit pas moins vivement signalé : il n'y auroit là-dessus qu'une voix, car les hommes prennent toujours quelque chose de la situation élevée qu'on leur donne. C'est à ce principe que tient l'irrémédiable embarras du ministère ; il s'est mis dans l'impuissance morale de maîtriser une Chambre des pairs. Oui, le ministère actuel fût-il chargé de faire une Chambre des pairs, de la faire à neuf et à son gré ; de cela seul qu'il placeroit des hommes dans une situation indépendante et élevée, qu'il les créeroit héréditaires, il resteroit incapable de marcher à leur tête. L'Opposition ne s'adresse pas à lui, mais à ses fautes, à ses contradictions, à ses colères, à sa médiocrité. L'Opposition n'est pas dans les personnes, mais dans l'institution elle-même. Une telle institution ne peut obéir à de tels hommes.

Cette vérité se fait sentir à ceux qu'elle contrarie le plus ; et c'est elle qui retarde le coup d'Etat légal d'une nouvelle création de pairs. Soixante pairs de plus en effet ne feroient pas approuver par la Chambre-Haute la censure qu'on exerce aujourd'hui. Soixante pairs de plus n'empêcheroient pas qu'on ne refît des projets de lois incomplets ou violens ; et il n'y a pas besoin de soixante pairs pour obtenir le budget, et l'emporter comme une dépouille conquise, malgré vingt défaites.

De plus, le préalable ou la conséquence d'une création de pairs, c'est une réélection de députés. Car il faut compter avec les siens ; il faut avancer en grade ceux dont on a éprouvé le docile dévouement. Et l'administration ne s'aviseroit pas d'augmenter la Chambre des pairs, sans y mettre une trentaine de députés. Ainsi, par l'heureuse fatalité de nos institutions, au moment où l'on semble rêver des coups d'Etat, ou du moins quelques applications extraordinaires de la prérogative royale, il faut en venir par contre-coup aux élections.

Le ministère y pensoit sérieusement il y a quelques jours. On espéroit prendre à l'improviste la France, et, soit par la paresse des électeurs, soit par l'activité des préfets, enlever une bonne et grande majorité de réélections ministérielles, sur lesquelles on auroit prélevé une élite de nouveaux pairs; puis, soutenu de cette double majorité, on espéroit procéder à l'établissement législatif de la censure.

La combinaison étoit séduisante. On évitoit la question du mandat quinquennal, les démissions, les protestations qui ne peuvent manquer l'année prochaine.

On recommençoit sa carrière avant de l'avoir parcourue; sans être sorti de sa ferme, on reprenoit un bail de sept ans; on avoit une seconde vie ministérielle. Malheureusement l'élection d'Angoulême, et beaucoup d'autres symptômes analogues sont venus déranger un peu ce beau rêve.

On a su que partout les *électeurs-jurés* se faisoient inscrire avec zèle; on a vu que toutes les nuances se confondoient dans une opposition commune au ministère. Royalistes et constitutionnels échangent leurs votes, et portent mutuellement les représentans les plus distingués de leurs opinions; à Mamers, M. Dupin; à Angoulême, M. Delalot.

Cette coalition, il faut l'avouer, n'a rien d'inquiétant pour la couronne; elle lui ramène, sous les auspices populaires, des hommes dévoués à sa cause; mais elle les engage aux libertés publiques, sans refroidir leur zèle pour les justes droits du Prince; elle manifeste, elle fortifie le véritable esprit public de la France, esprit de loyauté et d'indépendance légale, esprit d'ordre et de justice qu'on ne pourroit égarer, qu'en voulant le dégrader ou l'asservir.

Les résultats de ce mouvement étoient faciles à prévoir dans une élection générale; et le ministère paroîtroit avoir reculé; il auroit craint d'anticiper une époque fatale pour lui; il se seroit dit que deux ans de pouvoir étoient encore chose précieuse; il auroit tout ajourné, de peur de tout perdre. Sans doute, d'ici là, bien des projets se présenteront. On ne pourra plus, grâce à la loi du jury, modifier aussi facilement la liste des électeurs, mais on songe peut-être à modifier la loi des élections même, à retrancher les patentes, à créer deux degrés; vaine tentative! car la nouvelle, l'unanime Opposition qui se forme est plus puissante dans les grands colléges que dans les colléges d'arrondissement. Quoi qu'il en soit, les plus intrépides soutiens du ministère sont inquiets et indécis. On assure même que votre compatriote M. le garde des sceaux a voulu négocier sa retraite, et qu'il désiroit se réfugier dans la paisible présidence d'une haute cour judiciaire. Il auroit fait à cet égard des avances positives à un vénérable premier président qui n'a pas cru devoir céder une place, où il

porte encore la vigueur et l'assiduité d'un jeune magistrat : M. le garde des sceaux reste condamné aux grandeurs.

En attendant une démission plus sérieuse, faites à Bordeaux ce que l'on fait dans toute la France, que tous les ayant-droit se fassent inscrire pour être électeurs; qu'on le fasse promptement, et de manière à prévenir toute chicane. Le ministère est trop embarrassé pour être constant dans ses projets. D'ailleurs, il n'est pas le maître sur tous les points. Il peut revenir, il peut être forcé à une dissolution de la Chambre[1]. Il faut que la France soit prête; il faut que tous les amis des lois et des libertés publiques tiennent leur vote disponible. On a beau faire, on a beau menacer; il n'y a qu'un seul dénouement probable. Les coups d'Etat violens sont hors de saison; les coups d'Etat légaux sont eux-mêmes difficiles, et ne suffiroient pas.

De la censure sortiront bientôt la discussion et la liberté. D'une création de pairs sortiroit plus promptement une Chambre de députés peu soumise au ministère. Ne craignez donc ni révolution, ni despotisme durable. Il faut en venir aux élections; et des élections loyales doivent tout finir et tout juger.

NOTES.

On a vu, dans *le Moniteur* et autres journaux ministériels, les promesses mielleuses de la censure. On pourra tout se permettre comme auparavant; tout, hormis les injures, les allusions offensantes, les personnalités; du reste, carte blanche, liberté entière sur les discussions politiques, sur la publication des nouvelles, sur le récit des faits. Qui croyoit à ces promesses? qui? Personne, pas même ceux qui les faisoient. Ils savoient comme nous, par expérience, ce que valoient les engagemens du ministère, même les engagemens contractés par les ministres en personne, à la face de la France, et du haut de la tribune des deux Chambres. Pourquoi auroit-on ajouté une foi plus

---

[1] Plusieurs nouveaux symptômes l'annoncent, et en particulier le déplacement de certains préfets qui n'avoient plus d'influence dans leurs départemens, ni aucun espoir d'être réélus là où ils administroient.

robuste à des engagemens pris dans des journaux écrits, on ne le sait que trop, sous l'inspiration du ministère, et dont il s'est réservé le droit de désavouer au besoin les paroles?

Le monologue de Figaro, supprimé avec tant de prévoyance par l'autorité, avant même qu'elle eût mis opposition à la consommation de son *mariage*, nous revient malgré nous à la pensée. A l'exception des actes du pouvoir, des hommes en place, des acteurs et des danseuses de l'Opéra, des jésuites, des capucins, des chanteurs de l'Opéra-Comique, il sera permis de tout dire, de tout publier. Ajoutons-y les débats devant les tribunaux et devant les cours, sur lesquels le silence est commandé même aux parties dont l'accusation a été publique, et auxquelles la censure interdit la faculté de rendre à son tour la défense publique.

Y a-t-il une question plus générale, moins offensive, moins personnelle, et cependant d'un intérêt plus grave, que celle de savoir s'il convient, dans aucun cas, et surtout dans la circonstance présente, augmenter démesurément la Chambre des pairs, en détruire, en déplacer violemment la majorité? M. le marquis de la Gervaisais examine cette question dans une brochure où la modération des formes ajoute à l'énergie de son opposition. On a vu, dans le dernier écrit de M. de Salvandy, en quels termes également sages et énergiques étoit annoncé, avec quelques citations, l'ouvrage de M. de la Gervaisais, et l'on a vu aussi que ni l'annonce de cet ouvrage, ni les réflexions dont elle étoit précédée, n'ont pu trouver grâce auprès de la censure. Le *Journal des Débats* a été condamné au mutisme le plus absolu.

Un avocat célèbre (M. Dupin) prend en main la défense du *Constitutionnel* devant la Cour royale de Paris. La nature de la cause amène naturellement l'examen des actes de la censure, de l'emploi que cette puissance algérienne fait des armes qui lui ont été confiées. Que s'agissoit-il de prouver? Que retranchée derrière ses inaccessibles remparts, protégée par l'artillerie meurtrière de la police, la censure brave toutes les lois avouées de son institution; qu'elle comprend, dans ses confiscations arbitraires, tout ce qui lui paroît à sa convenance; qu'elle n'épargne pas plus les hostilités au pavillon blanc qu'au pavillon neutre ou allié. Certes, s'il y a un fait qui, dans l'intérêt du trône, de la morale, du caractère français, méritât de recevoir la plus éclatante publicité, c'est celui

qui avoit été imprimé dans le *Constitutionnel,* que la
censure a supprimé, et que nous allons reproduire avec
les réflexions de M. Dupin.

« Messieurs, la presse ne fut jamais plus utile qu'en signa-
lant des abus graves, des attentats contre l'humanité. La
publicité de tels actes est le meilleur, souvent le seul moyen
d'en empêcher le retour. Comment donc, si la censure
n'est instituée que pour le mieux de la société sous le meilleur des ministères possibles, avoir empêché de publier l'article suivant?

« On nous adresse cette question : *Je désirerois savoir si*
» *le chef d'un régiment a le droit d'infliger des puni-*
» *tions qui ne sont pas au nombre de celles qu'autori-*
» *sent les règlemens militaires?* Nous répondrons que
» non-seulement aucun chef de corps, aucun général n'a
» ce droit ; mais que dans le cas dont il s'agit, si le fait qui
» donne lieu à cette question est vrai, il y a lieu de pour-
» suivre le chef et de le traduire devant un conseil de
» guerre.

» Un chef de corps a fait attacher le long d'un mur, tête
» nue et à l'ardeur du soleil le plus brûlant, un soldat dont
» les deux bras étendus et liés au poignet, étoient retenus
» par des cordes que des clous fixoient à la muraille. Ce
» supplice d'un genre nouveau est, dit-on, emprunté au
» Code russe. La ville dans laquelle il a été étalé avec une
» affectation barbare, en témoigne sa vive indignation. On
» dit que le général de division, averti par la clameur pu-
» blique, s'est rendu à la caserne où ces sévices sont exer-
» cés; qu'il y a trouvé des carcans et d'autres instrumens
» de supplices, et que des reproches très-véhémens ont été
» adressés par le général au colonel. Des reproches ! ce se-
» roit bien peu, si, comme on nous l'écrit, à sa dernière
» exposition, le soldat succombant sous le poids de ses dou-
» leurs, ne fut détaché et transporté à l'hôpital que lors-
» qu'un vomissement de sang eut annoncé que sa vie étoit
» au moment de s'éteindre. »

» Pour faire goûter cet article à la censure, il eût sans
doute fallu le tourner de la manière suivante et dire : « Un
» officier qui a servi long-temps avec honneur en Russie,
» en a rapporté un petit supplice qu'il a essayé de natura-
» liser dans son régiment, et dont on attend les meilleurs
» effets pour l'avenir. » O honte de l'humanité ! ce sont de
pareils faits qu'on empêche de porter à la connoissance d'un
peuple civilisé! Comme s'il n'étoit pas de l'intérêt du Prince
comme de l'intérêt national d'empêcher qu'on ne naturalise

ainsi parmi nous des supplices propres à exaspérer l'esprit de ceux qui les souffrent, et de ceux qui en sont les tristes témoins !

» Messieurs, ne soyons plus surpris de tant d'honorables démissions ! Ne soyons plus surpris si chaque soir, ceux qui exercent ainsi la censure se jettent dans un fiacre escorté de gendarmerie pour regagner leurs domiciles [1] ! »

Mais tandis que la censure supprimoit le plaidoyer de M. Dupin, parce que le célèbre avocat révéloit les turpitudes de la censure, cette même censure laissoit publier l'affaire et le procès du curé de Benfeld, de sorte qu'il est bien plus important pour la religion, la monarchie, la Charte, la justice, la liberté de la presse, les bonnes mœurs, de mettre à couvert les sottises et les turpitudes de six commis censeurs à la solde du ministre de l'intérieur, que de cacher les fautes d'un prêtre ! la Censure est bien autrement sacrée et inviolable que le sacerdoce !

Voilà, comme on voit, un des trente ou quarante exemples, déjà connus par les brochures, de la sagesse et de la réserve que, suivant ses promesses, apporte la censure dans ses utiles opérations. La politique se mêle un peu, il est vrai, aux faits que nous venons de citer, et qui ont provoqué la sévérité de ses ciseaux. En voici un à la suppression duquel, si quelque chose pouvoit embarrasser l'arbitraire et la tyrannie, il lui seroit sans doute plus malaisé de trouver une excuse. Une difficulté s'est élevée entre les principaux sociétaires du théâtre de l'Opéra-Comique et le directeur. Les sociétaires se sont regardés justement blessés dans des droits acquis et reconnus; ils ont réclamé. Le directeur n'a tenu aucun compte de leurs réclamations, et, pour trancher le nœud, il a eu recours au premier gentilhomme de la chambre. Celui-ci s'est déclaré pour le directeur, et a obtenu un acte qui paroîtroit être une ordonnance royale, mais dont l'auguste signature ne seroit pas accompagnée du contre-seing d'un ministre. La Charte ne reconnoissant que la responsabilité légale des ministres, les sociétaires opposans ne trouvant point ici cette responsabilité, ne se sont pas crus autorisés à obéir. De là leur retraite momentanée du théâtre, jusqu'au moment où leurs prétentions auront été soumises à l'autorité des lois, c'est-à-dire à l'autorité judiciaire.

Voilà le fait théâtral réduit à sa plus simple expression.

[1] Défense du *Constitutionnel*, prononcée à l'audience de la Cour royale, du 17 juillet 1826, par Me Dupin aîné, avocat.

Le *Journal des Débats* l'avoit exposé avec quelques développemens, mais sans violence, sans aigreur, et avec cette sincérité qui se marie très-bien aux formes de la politesse. La censure a supprimé l'article dans sa totalité. Elle a jugé apparemment que donner de la publicité à une discussion entre un grand seigneur et des comédiens, c'étoit compromettre la sûreté du trône et la paix publique.

Mais voici quelque chose de plus admirable encore, et il est désormais impossible de prévoir à quel point s'arrêtera la brutale stupidité de la censure. Dans le fait que l'on va lire, et qui a été retranché, il y a deux jours du *Journal des Débats*, il n'est plus question de grand seigneur; nul amour-propre n'est compromis; il s'agit d'un fait public qui n'est point loué, qui n'est point blâmé, ni dans ses causes, ni dans ses conséquences, et que l'on s'étoit borné à raconter tel qu'il a paru hier matin dans un *journal de théâtre*, seulement avec quelques détails de plus, tous aussi innocens les uns que les autres. Comment cet article a-t-il offensé la susceptibilité des censeurs? Nous ne sommes pas, on le croira facilement, initiés aux secrets des opérations de certains bureaux; mais il y a, dans le silence imposé au *Journal des Débats* sur la clôture d'un théâtre, le caractère d'une précaution méticuleuse qui laisse un champ libre à toute espèce de suppositions. Le temps soulèvera sans doute une partie du voile qui cache le mystère non de l'opération en elle-même, mais des motifs que l'on a pu avoir d'empêcher qu'elle devînt l'objet de l'attention publique. Voici ce morceau supprimé :

« L'autorité vient d'ordonner, par une décision fondée, dit-on, sur la nécessité de pourvoir à la sûreté publique, que le Théâtre de la Porte-Saint-Martin seroit immédiatement fermé. Cette clôture sera définitive, et elle aura lieu dans les premiers jours du mois d'août. La salle de la Porte-Saint-Martin, construite en cinquante jours, sur les plans de l'architecte Lenoir, après l'incendie de la salle de l'Opéra, située au Palais-Royal, fut ouverte pour la première fois au public le 27 octobre 1781. Après que l'Académie royale de Musique eût été transférée au théâtre que Mlle Montansier avoit fait construire, rue de Richelieu, vis-à-vis la Bibliothèque du Roi, la salle du boulevard Saint-Martin fut occupée successivement par diverses troupes dans lesquelles on distinguoit quelques sujets qui depuis ont figuré ou figurent encore honorablement sur des scènes plus élevées : parmi ces acteurs estimables, nous ne citerons que deux sociétaires du Théâtre-Français, Mlle Rose Dupuis et Mme Tousez. Dans les dernières années du régime impérial, le théâtre de la Porte Saint-Martin resta inoccupé. Sa réouverture eut lieu le 26 décembre 1814, en vertu d'un privilége accordé par M. l'abbé de Montesquiou, alors ministre de l'intérieur, à M. Saint-Romain. Ce privilége, cédé au bout de quelques années par M. Saint-Romain à M. Lefeuve, et par ce dernier à MM. Mérle et Deserres, étoit exploité depuis un an par M. le baron de Montgenet, capitaine au corps royal d'état-major. Nous déplorons la nécessité impérieuse qui va tout d'un coup priver de leur industrie plus de deux cents personnes attachées au théâtre de la Porte-Saint-Martin. M. de Montgenet est, dit-on, nommé directeur du théâtre royal de l'Odéon, en remplacement de M. Sauvage, successeur de M. Frédéric du Petit-Méré, et qui se démet volontairement des fonctions auxquelles il avoit été tout récemment appelé. Le motif de cette démission est, dit-on, la réduction de la subvention annuelle accordée à l'Odéon par le ministère de la Maison du Roi. M. de Montgenet apporte avec lui, du Boulevard, le mélodrame, le vaudeville et les ballets. On assure qu'à la faculté de représenter des tragédies, des comédies nouvelles et des opéras traduits, il joindra encore celle de jouer des opéras-comiques nouveaux. Cette dernière clause, ajoutée au nouveau privilége de l'Odéon, étoit, depuis long-temps, réclamée par tous les amis de l'art musical. Elle est propre à favoriser les progrès de ce bel art, en ouvrant une nouvelle arène aux jeunes compositeurs qui assiégeoient inutilement les avenues du théâtre Feydeau, ou qui ne gravissoient la scène de l'Opéra-Comique qu'après avoir souffert tous les dégoûts, et subi les ordres souverains de la routine et de l'ignorance, qui, depuis trois ans, se sont emparées violemment de ce malheureux théâtre. M. de Montgenet, affranchi, par la décision supérieure qui ordonne la clôture du théâtre de la Porte-Saint-Martin, de ses engagemens envers les acteurs de ce théâtre, est tenu de remplir tous ceux de MM. Sauvage et Frédéric envers les acteurs de l'Odéon. ∗

Toujours de mieux en mieux. Voici actuellement les *Lettres de Mme de Sévigné* mises à l'*index*. Le *Journal des Débats* (car c'est le journal qui paroît le favori privilégié de la censure) donne un article sur les routes, et à cette occasion il rappelle l'état déplorable où elles étoient dans certaines provinces, et notamment en Bretagne, sous le règne de Louis XIV. Il s'appuie sur une autorité irréfra-

gable, celle de Mme de Sévigné, qui pendant une partie de
la belle saison occupoit dans cette partie de la France le
château des Rochers. C'est un crime apparemment que de
citer les lettres d'une femme qui épanche dans le sein de
sa fille ses douleurs sur les infortunes des paysans bretons,
et sur l'absence totale de la civilisation, prouvée par leur
insensibilité aux traitemens les plus barbares, et par le
détestable état des routes, qui leur interdisoit toute
communication entre eux, et les isoloit en quelque sorte
du genre humain. Il faut, pour expliquer cette incroyable
mutilation, se rappeler que la Bretagne a eu l'honneur
de donner la naissance à M. le comte de Corbière, et c'est
apparemment à cet avantage insigne qu'elle doit d'être devenue tout à coup inviolable; inviolable pour le temps
présent, inviolable pour le temps passé. La patrie de
M. de Corbière n'a jamais pu être qu'un Eden perpétuel;
et il est impossible que ses routes n'aient pas été constam-
ment les plus sûres, les plus commodes, les plus magni-
fiques de la France. Mme de Sévigné radotoit quand, *de
visu*, elle déclaroit le contraire. Rapportez-vous-en de
préférence à Messieurs de la censure.

Voici le morceau supprimé :

« Mais, au défaut de l'ouvrage de Fléchier, on peut relire
au moins les *Lettres de Mme de Sévigné* (de juillet à no-
vembre 1695) ; et c'est alors qu'on sentira vivement l'épou-
vantable disproportion qu'il y avait entre l'excessive politesse
de la cour et de la capitale, et la profonde ignorance qui pe-
soit sur la Bretagne. A propos d'un impôt que le gouverneur
de ce pays avoit quelque peine à recevoir, voici ce que
Mme de Sévigné dit des imposés :

« Nos pauvres bas Bretons s'attroupent quarante, cin-
» quante par les champs : et, dès qu'ils voient les soldats,
» ils se jettent à genoux et disent : *Meâ culpâ :* c'est le
» seul mot de français qu'ils sachent......... On ne laisse pas
» de pendre ces pauvres bas Bretons; ils demandent à
» boire et *du tabac*, et qu'on les dépêche; *et de Caron
» pas un mot.* » Voulant dire, par ce dernier trait, que
ces malheureux mouroient dans la plus parfaite indifférence
sur leur salut. Il paroîtroit, d'après ce passage, qu'on avoit
pris plus de soin pour introduire la gabelle et les impôts in-
directs en Bretagne que la foi catholique, puisque les paysans, près de mourir, demandoient du tabac au lieu de
confesseurs. Cela prouve au moins que l'instruction reli-
gieuse étoit nulle; car Mme de Sévigné ne fait aucun crime

aux paysans de leur ignorance. Elle parle d'eux comme d'une horde de singes.

» Je craindrois, en isolant les phrases de Mme de Sévigné, par l'effet de la citation, de donner à cette dame un air de cruauté qu'elle n'avoit certainement pas. Cependant, il faut lire tout ce qu'elle a dit de la *penderie* de ces pauvres Bretons. Ce n'est qu'en comparant les malheurs dont elle parle, avec le style qu'elle emploie pour en faire gaîment le tableau à sa fille, que l'on peut comprendre jusqu'à quel point les peuplades qui se trouvoient comprises dans la circonscription de la France, étoient incohérentes. Au surplus, dans le cours de sa correspondance, Mme de Sévigné donne aussi des détails sur le mauvais état des routes, qui démontrent qu'à l'exception des personnes qui, comme elle, pouvoient mettre six chevaux à une voiture, il y avoit fort peu de curieux qui eussent l'envie d'aller voir la Bretagne. »

La citation textuellement extraite de Mme de Sévigné, se terminoit par quelques réflexions du rédacteur, au nombre desquelles étoit celle que l'on va lire. « Jusqu'à la restau-» ration on pouvoit s'autoriser encore de cet axiome de » vieille politique : *Diviser pour régner;* mais depuis » l'établissement du gouvernement constitutionnel, il faut » lui substituer celui-ci : *Unir pour gouverner.* »

La réflexion a déplu à la censure, et elle a subi l'action de ses ciseaux. Cela est-il assez significatif? Machiavel n'auroit pas fait mieux.

Sans reparler de la question des blancs, *décidée en faveur de la censure,* puisque la censure menace de ne pas censurer un journal qui laisseroit voir ses mutilations, c'est-à-dire qu'elle le tueroit après l'avoir blessé, on peut lire dans les diverses brochures qui paroissent, les misères, les outrages, les bouffonneries d'une censure aussi odieuse que dégoûtante. Voici la liste de ces brochures ; nous invitons nos lecteurs à se les procurer, pour apprendre de plus en plus à connoître le ministère auquel la France est livrée ; elles suppléent au silence de la presse périodique, empêchent l'opinion de s'égarer, ôtent à la censure son danger, et ne lui laissent que sa honte et son ignominie.

ÉLECTEURS, DÉPÊCHEZ-VOUS DE VOUS FAIRE INSCRIRE SUR LA LISTE DU JURY, QUI SERA LA LISTE ÉLECTORALE.

FIN.

BROCHURES POLITIQUES PUBLIÉES DEPUIS LA CENSURE ET QUI N'ONT PU ÊTRE ANNONCÉES.

Du rétablissement de la Censure, par l'ordonnance du 24 juin 1827; par M. le vicomte de Chateaubriand, pair de France; suivi *De la Censure que l'on vient d'établir en vertu de l'article 4 de la loi du 17 mars 1822*, et *De l'abolition de la Censure* (anciens écrits du même auteur). 2 fr.

Comment on fait les Révolutions; par M. Alexis de Jussieu. In-8°. 25 c.

Lettre à M. le Rédacteur du Journal des Débats *sur l'état des affaires publiques*; par M. A. de Salvandy. 1 fr.

Deuxième Lettre à M. le Rédacteur du Journal des Débats; par M. A. de Salvandy. 1 fr.

Troisième Lettre idem. 1 fr.

Quatrième Lettre idem. 1 fr.

Lettre de la Girafe au Pacha d'Égypte, pour lui rendre compte de son voyage à Saint-Cloud et envoyer les rognures de la censure de France au journal qui s'établit à Alexandrie en Afrique. 1 fr.

La *Seconde Lettre de la Girafe au Pacha d'Égypte*, avec envoi de son album, orné des dernières noirceurs de la censure, paroîtra le mercredi 7 août.

La Censure, scène historique; par Méry et Barthélemy, avec cette épigraphe : *Vexat Censura* . . . . . . 1 fr. 50 c.

Lettre à M. Lourdoueix; par M. Pagès. 1 fr.

La Malle-Poste; par M. Félix Bodin. 1 fr.

Du Ministère et de la Censure; par M. Jay. 75 c.

Remontrance au Conseil de surveillance de la censure; par M. D. L. G.

Première et Seconde Lettres de onze Sociétaires du théâtre Feydeau. (Se distribue.)

De la nouvelle révolution ministérielle en Angleterre. (Se distribue.)

Procès de l'abbé Saladin, accusé de tentative d'empoisonnement sur la personne du curé de Pierrelatte. 75 c.

Mémoire adressé à la Commission de surveillance de la censure, et surabondamment au public; par Bert, rédacteur en chef du *Journal du Commerce*. (Se distribue au bureau du Journal, et chez Sautelet et comp.)

Histoire de la Garde Nationale de Paris; par M. Ch. Comte, ancien rédacteur du *Censeur Européen*. Chez Sautelet et compagnie, place de la Bourse. 6 fr.

La censure n'a pas permis aux différens journaux de rendre compte de cet important ouvrage.